# CONSEIL DE PRUD'HOMMES

## DE LA ROCHELLE

..................

# Règlement Intérieur

..................

## LOI DU 27 MARS 1907

..................

### DÉCRET DU 13 DÉCEMBRE 1909

portant Réorganisation du Conseil de Prud'hommes de La Rochelle
et Création d'une Section Commerciale

LA ROCHELLE

Imp. de l'Ouest, angle des rues Albert I<sup>er</sup> et Alcide-d'Orbigny

—

1924

# CONSEIL DE PRUD'HOMMES

## DE LA ROCHELLE

# Règlement Intérieur

## LOI DU 27 MARS 1907

### DÉCRET DU 13 DÉCEMBRE 1909

portant Réorganisation du Conseil de Prud'hommes de La Rochelle
et Création d'une Section Commerciale

## LA ROCHELLE

Imp. de l'Ouest, angle des rues Albert Iᵉʳ et Alcide-d'Orbigny

—

**1924**

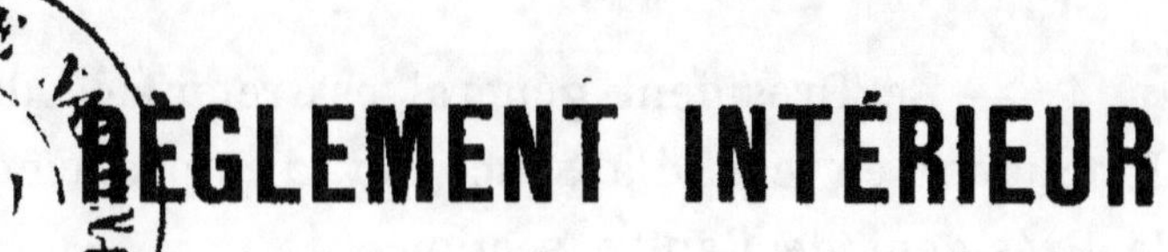

# RÈGLEMENT INTÉRIEUR

DU

## Conseil de Prud'hommes de La Rochelle

*Adopté en Assemblée générale le 8 Décembre 1910*

---

## TITRE PREMIER

### Dispositions générales

ARTICLE PREMIER. — Le Conseil de Prud'hommes de La Rochelle comprend deux sections : l'une dite *Section de l'Industrie*, l'autre dite *Section du Commerce*.

ART. 2. — Chaque section tient deux audiences par semaine : une pour le Bureau de conciliation et une pour le Bureau de jugement.

ART. 3. — Le Président général représente le Conseil, le dirige, donne les ordres et assure la discipline du Secrétariat et du Conseil.

Il est l'intermédiaire du Conseil auprès de l'administration supérieure.

Il établit le budget général du Conseil et le transmet au Préfet.

Art. 4. — Le Président général est remplacé dans ses fonctions, en cas d'absence ou d'empêchement, par le Président de l'autre section.

Art. 5. — Il est attaché à chaque section du Conseil, un secrétaire et un huissier audiencier.

Art. 6. — Le roulement du service des audiences a lieu par voie de tirage au sort, chaque année. La présidence sera alternative.

Art. 7. — Le tableau de roulement sera affiché au Secrétariat.

Art. 8. — Le service des audiences sera fait suivant l'ordre d'inscription au tableau.

Art. 9. — Les conseillers de service seront convoqués individuellement par le Secrétaire. En cas d'empêchement, ils devront pourvoir eux-mêmes à leur remplacement, ou en informer le Secrétaire.

Art. 10. — Les insignes restent déposés au Secrétariat en dehors des heures de service.

## TITRE II

### Bureau de Conciliation

Art. 11. — Les séances du bureau de conciliation ont lieu chaque semaine, savoir :

Le mardi pour la Section de l'Industrie, à 8 heures du soir.

Le lundi pour la Section du Commerce, à 8 heures 1/2 du soir.

ART. 12. — L'appel des causes est fait par le Secrétaire, d'après l'ordre de leur inscription au rôle, mais les affaires renvoyées ou remises sont toujours appelées les premières, suivant leur ordre primitif.

Les affaires soumises volontairement sont entendues les dernières.

ART. 13. — L'audience n'est levée que quand toutes les causes, tant inscrites que volontaires, ont été entendues.

ART. 14. — Avant de prononcer un défaut, le bureau doit toujours s'enquérir si la lettre de convocation a été régulièrement remise. Un défaut ne pourra d'ailleurs être prononcé qu'après un nouvel appel de la cause fait lorsque toutes les autres affaires contradictoires auront été entendues.

ART. 15. — Le Bureau de conciliation devra toujours se bien pénétrer de sa mission, qui a pour but exclusif la conciliation.

A cet effet, il entendra les parties dans leurs dires et allégations, en les rappelant, au besoin, à la retenue et à la réserve la plus complète dans la convenance du langage.

Il leur adressera les questions qu'il jugera propres à éclairer le débat et à établir nettement la situation vraie de la question en litige, le tout sans manifester aucune opinion de façon à influencer en rien les parties en présence, l'assesseur devra lui communiquer à voix basse des questions qu'il désirerait poser.

Les membres du Conseil, non de service, ne pourront assister aux audiences de conciliation.

ART. 16. — Pour arriver à la conciliation, le Bureau avant de communiquer aux parties aucune proposition d'arrangement, devra en délibérer. Le Président de l'audience, parlant ensuite au nom du Bureau, émettra l'avis adopté en présentant, s'il le juge utile, les observations propres à le faire adopter par elles.

Il rappellera en tous cas aux parties que la conciliation proposée par le Bureau de conciliation ne préjuge en rien de la décision du Bureau de jugement, si elles ne l'acceptent pas.

ART. 17. — Lorsque la personne invitée à comparaître ne s'est pas présentée devant le Bureau de conciliation, ni personne ayant qualité pour elle, ou lorsque la conciliation n'a pu se faire et que les membres ont renvoyé les parties par devant le Bureau de jugement, le Bureau délivre un permis de citer.

ART. 18. — Le Secrétaire prend note des explications fournies par les parties, des propositions qui leur ont été faites et des motifs de leur refus de se concilier. Lorsque les parties ont pu être conciliées, il rédige sommairement, sous la dictée du Président, les conditions de la conciliation, et l'affaire est immédiatement réglée à la barre.

# TITRE III

## Bureau de Jugement

Art. 19. — Les audiences du Bureau de jugement ont lieu chaque semaine, lorsqu'il y a des causes inscrites, savoir :

Le *vendredi* pour la Section de l'Industrie: 8 heures du soir.

Le *jeudi* pour la Section du Commerce : 8 h. 1/2 du soir.

Art. 20. — Les bureaux de jugement sont composés de quatre membres au moins : deux prud'hommes patrons et deux prud'hommes ouvriers ou employés. Le Bureau ne peut comprendre qu'un nombre toujours égal de prud'hommes patrons et de prud'hommes ouvriers ou employés, y compris le Président ou le Vice-Président, siégeant alternativement.

Aucun autre conseiller ne sera admis dans la salle des délibérations du Conseil pendant la délibération et la rédaction du jugement.

Art. 21. — A défaut du Président ou du Vice-Président, la présidence appartiendra au conseiller le plus ancien en fonctions, ou au plus âgé s'il y a égalité dans la durée des fonctions.

Art. 22. — Le défendeur est convoqué par citation d'huissier.

Art. 23. — Les membres du bureau, annoncés par l'huissier, entreront à l'audience précédés du Président ou du Vice-Président et par rang d'ancienneté. Le Secrétaire entrera le dernier.

Art. 24. — L'ouverture de l'audience ayant été annoncée par le Président, l'huissier fait l'appel des causes dans l'ordre du rôle. Les causes remises passent les premières et dans leur ordre d'ancienneté, à moins d'un cas urgent laissé à l'appréciation du bureau.

Art. 25. — Avant de statuer par jugement, le bureau tente de nouveau la conciliation des parties. Seul le Président posera les questions ou fera les observations qu'il croira utiles à l'instruction de l'affaire. Les membres siégeants ne doivent manifester leur opinion et leurs sentiments par aucun signe extérieur et ne peuvent adresser des questions aux parties que par l'organe du Président ou sur son autorisation.

Art. 26. — Si le Bureau n'a pas été suffisamment éclairé par les débats, il peut, par mesure exceptionnelle, renvoyer l'affaire à une autre audience, mettre la cause au rapport d'un juge, ou ordonner tel moyen d'instruction qu'il jugera nécessaire.

Art. 27. — Les membres du Conseil au rapport desquels l'affaire aura été renvoyée, les experts ou arbitres commis, déposeront leur rapport au Secrétariat, deux jours au moins avant l'audience, afin que les parties puissent en prendre connaissance.

Art. 28. — Les défauts ne seront prononcés qu'à la fin de l'audience et après un nouvel appel de l'affaire.

Art. 29. — Au cas où, par suite du partage des voix, il serait nécessaire de faire présider le Bureau par le Juge de Paix, ce magistrat serait prévenu par les soins du Secrétaire ; dès qu'il aura fait connaître le jour et l'heure où l'audience pourra être tenue, le Secrétaire en informera aussitôt les membres du Bureau de jugement et les parties.

Art. 30. — Le renvoi devant le Bureau présidé par le Juge de Paix n'est pas prononcé par jugement. Le partage des voix est constaté par un procès-verbal signé des membres du Bureau.

Art. 31. — Le Secrétaire tient note des dires des parties et des divers incidents qui se produisent pendant les débats. Ces notes servent de document lors de la rédaction du jugement.

Art. 32. — L'affaire entendue, le Bureau pourra se retirer, s'il le juge utile, dans la salle des délibérations, pour y délibérer.

Art. 33. — Les avis seront donnés, ainsi qu'en décidera le Président, soit par bulletin secret, soit de vive voix, en commençant par le moins ancien en fonctions. Le Président ou le Vice-Président opineront les derniers. Dans tous les cas le délibéré sera secret.

# TITRE IV

## Assemblées générales

Art. 34. — Les assemblées générales de Conseil ou de Section se réuniront dans la chambre du Conseil toutes les fois que la demande en sera faite par le Ministre de la Justice ou par le Ministre du Travail, par la moitié plus un des membres en exercice, ou quand le Président le juge utile et dans tous les autres cas visés par la loi.

Art. 35. — Les Sections se réunissent, soit ensemble, en assemblée générale, dite du Conseil, soit séparément en assemblée générale dite de Section.

Art. 36. — Les convocations sont adressées trois jours à l'avance, par lettre du Secrétaire, mentionnant l'objet de la réunion.

En cas d'urgence, le délai de trois jours pourra être réduit. Tout membre du Conseil qui ne pourra assister aux assemblées générales devra se faire excuser.

Art. 37. — Si l'assemblée ne réunit pas les deux tiers des membres du Conseil, il sera procédé à de nouvelles convocations.

A cette seconde assemblée, qui aura lieu dans la huitaine de la précédente, les délibérations seront valables, quel que soit le nombre des membres présents, sauf le cas prévu à l'article 24 § 3 de la loi.

Art. 38. — Il ne pourra être délibéré que sur les questions mises à l'ordre du jour par le Président.

Art. 39. — Les délibérations sont prises à la majorité absolue des membres présents, sauf le cas prévu à l'article 24 § 3 de la loi ; si cinq membres demandent le scrutin secret, il est de droit.

Art. 40. — L'assemblée peut prononcer le renvoi d'une question à l'examen d'une commission, le Président est membre de droit de cette commission et la préside.

Art. 41. — Le Secrétaire de la Section de l'Industrie assiste aux assemblées générales du Conseil et en dresse procès-verbal qu'il signe, ainsi que le Président.

Art. 42. — Les procès-verbaux sont adressés, dans la quinzaine, par le Président, au Ministre de la Justice. Ils doivent être en outre adressés au Ministre du Travail, quand la délibération a porté sur une question de sa compétence.

Art. 43. — Le Président devra s'opposer à ce qu'aucune personne étrangère n'assiste aux séances, sauf le cas prévu à l'article 14 § 3 de la loi.

Art. 44. — Le Bureau des assemblées générales du Conseil est composé par le Président général, président de droit, assisté du Président de l'autre Section et des deux Vice-Présidents de Section. Le Bureau des assemblées générales de Section est composé du Président de la Section, assisté du Vice-Président. Dans les cas prévus à l'article 17 § 1 de la loi, les assemblées générales sont présidées par le doyen d'âge.

## TITRE V

### Secrétariat

ART. 45. — Le Secrétariat de chaque Section est ouvert au public tous les jours, dimanches et fêtes exceptés, de 11 heures du matin à 1 heure de l'après-midi et de 5 heures à 8 heures du soir.

ART. 46. — Le Secrétaire de chaque Section assiste à toutes les audiences et assemblées de Section, il est chargé de toutes les écritures, correspondances et démarches que le Président croit utiles au service et de celles prescrites par la loi. Il délivre aux parties requérantes les invitations pour le Bureau de conciliation. En recevant la demande des justiciables, il désigne de suite la Section devant laquelle les parties doivent se présenter.

Il indique verbalement le jour et l'heure de l'audience.

Il a la garde des minutes et de toutes les archives du Conseil. Il ne peut communiquer, ni donner ou laisser prendre copie des archives. Il reçoit et conserve à son Secrétariat les dessins ou modèles qui y sont déposés, il rédige les procès-verbaux de ces dépôts.

Il reçoit et conserve aussi les dépôts qui lui sont faits, des conventions passées entre patrons et ouvrirs, ainsi que les règlements d'ateliers.

## TITRE VI

### Huissier

ART. 47. — L'Huissier audiencier est nommé et révoqué par la Section. Il doit assister à toutes les séances du Bureau de jugement. Il annonce le Conseil et appelle les causes. Il signifie les jugements de défaut.

*Le Président général du Conseil,*
A. DEVILLARDS.

*Le Secrétaire général du Conseil,*
A. MATHIS.

APPROUVÉ :

Paris, le 28 janvier 1911.

*Le Garde des Sceaux,*
*Ministre de la Justice,*
Signé : THÉODORE GIRARD.

*Le Ministre du Travail*
*et de la Prévoyance sociale,*
Signé : LAFFERRE.

www.ingramcontent.com/pod-product-compliance
Lightning Source LLC
LaVergne TN
LVHW050222060726
842525LV00007B/2492

9 782329 038957